L 46
315 b

I 5 46.
315.

AUX PARTISANS

DES

BOURBONS

1737

AUX PARTISANS

DES

BOURBONS.

PAR

Madame L. D***.

PARIS,

DELAUNAY, Libr., Palais-Royal, Galerie de bois.

3o MAI 1815.

AUX PARTISANS

DES

BOURBONS.

Hᴏᴍᴍᴇs français!... quand cesserez-vous donc d'être les ennemis de vos compatriotes?... Quoi!....vous pourriez prendre à honneur, cette indigne dénomination?... Auriez-vous donc oublié les premières fautes de ces princes dont vous vous faites de vaines idoles?... Vous plairiez-vous à confondre la douceur avec l'hyprocrisie, le beau caractère d'une confiante bonté, avec celui d'une fatale ineptie! ou enfin leur conduite récente ne vous répond-elle pas assez de leur conduite passée?... Quant à moi, je n'écris mon sentiment que d'après cette conduite dont nous venons d'être si bien les témoins!... Toutefois ce n'est pas que je veuille la retracer scrupuleusement. D'ailleurs! le pourrais-je, ainsi que ces hommes dont le mérite et l'éloquence sont partout reconnus? Est-ce à moi de mêler ma faible voix à la leur, pour ne faire seulement que les répéter? Aussi ne vois-je qu'avec peine que malgré l'esprit de justice dont ils sont animés, que malgré cette même éloquence qu'ils puisent sans cesse dans l'amour de la patrie, vous n'êtes pas encore convaincus. Mais que dis-je?... c'est plutôt que vous ne voulez pas convenir que vous l'êtes!... Vous ne faites que renier ce que même toute l'Europe ne saurait démentir. Oui! vous fuyez la lumière qui brille à vos yeux, pour ne vous plonger que dans les ténèbres!... C'est à ces mêmes écrivains qu'il convient aussi de mettre au jour tous les faits antérieurs; c'est à eux d'expliquer les motifs de la révolution, de dire pourquoi on fit concevoir à la France entière l'idée d'une république dans son sein.... Pourquoi le glaive horrible des Lebon et des Robespierre est tombé sur la tête de tant de citoyens qui, sans différer d'infortune, ont pourtant trop souvent différé d'opinion.... Et pourquoi depuis vingt ans passés, des princes émigrés sont les ennemis de la France; et je n'établirai sur ce dernier point que ces seules questions : Des princes doivent-ils être les ennemis de leur pays? des princes doivent-ils lancer contre leur pays les foudres d'une guerre étrangère? Supposons même qu'ils en soient injustement rejetés, leur appartient-il de se venger ainsi ? non. On ne se venge pas contre toute une nation. Elle ne doit pas être victime des intérêts particuliers d'une seule famille. Une telle vengeance est un forfait d'autant plus grand, qu'elle ne peut être en effet secondée que par une force étrangère. Si dans le cas contraire, si, veux-je dire, ces princes sont justement bannis, comment alors nommer le crime dont ils se sont couverts !

Il n'y a nullement à balancer, les Bourbons se trouvent dans l'une ou l'autre de ces circonstances : irrévocablement ils sont coupables envers la nation, soit de vengeance, soit de rebellion : c'est à savoir maintenant s'ils ont aggravé le crime. Oui, en rentrant parmi nous, à l'aide des trahisons les plus infâmes !... en osant, assis sur un trône élevé par une gloire, par des vertus qui leur sont inconnues, proférer un injurieux pardon, comme si des princes avilis pouvaient épurer leur indigne conscience aux dépens de la justice et de l'honneur de la patrie !

O ! hommes français !... alors vous avez pu oublier les bienfaits de Napoléon ! alors vous avez voulu vous dissimuler sa gloire ! vous avez osé lui contester ses droits à l'immortalité ! Qui pouvait mieux les justifier que sa conduite aux portes de Paris?... Quel prix doit-on mettre aux sacrifices qu'il fit alors qu'un fer vengeur brillait encore entre ses mains? Si l'orgueil offensé eût seul enflammé son cœur, que ne pouvait-il pas encore!... Mais ce dernier effort qui lui répondait assez de la victoire, eut fait couler un sang trop précieux à travers le sang de ses ennemis; et pourtant au moment du trouble, de la confusion.... nous cherchions encore un reste d'espérance!... des voix consolantes, mais indiscrètes alors.... nous apprennent que Napoléon revient avec nos braves vers Paris.... Nous n'apercevons pas le danger qu'il a prévu lui-même.... nous ne songeons qu'à le revoir, et des cris de vive l'Empereur! se font entendre au moment que des soldats étrangers se présentent à nos yeux.... Ses droits à l'immortalité, qui peut mieux les justifier encore, les affermir que son retour au sein de l'empire dont il est le seul et unique créateur? Ce n'est plus ici la défaite des rois parjures, ce n'est plus la conquête de leurs cités, c'est le triomphe d'une vertu sans exemple, à laquelle il ne manquait plus que l'épreuve du malheur.... Ainsi donc Napoléon revient parmi nous entouré de Français qui le chérissent, et le petit-fils de Louis xv, ce prince né Français lui-même, n'a pu se frayer un passage jusqu'au trône, qu'à la suite de barbares nés au fond de la Sibérie? Ce sont eux qui lui ont tracé une route de sang.... et il n'a pas eu honte d'y marcher?...O! jour d'affreuse mémoire!...de tels ennemis ont souillé notre contrée!... Vous avez chanté les louanges de leur empereur!... vous l'avez nommé le protecteur de la France. ... et Louis XVIII a pu se parer de l'olivier de la paix!... Louis XVIII a pu se dire accueilli par la nation!... Et comment se l'est-il donc figuré, ou plutôt à quel nombre d'hommes a-t-il donc pensé la réduire?.. Sans doute à quelques vieillards insensés, à une poignée de jeunes gens lâchement endoctrinés, à quelques centaines par capitale, d'hommes et de femmes dont les voix prostituées ont fait retentir les rues et les places des acclamations les plus outrées, à une secte de fanatiques et à trente mille émigrés partisans acharnés du droit de la féodalité, et auxquels tous les emplois de nos ministères étaient destinés avant qu'ils n'eussent remis le pied sur notre territoire. ... Ce compte là est trop éloigné de vingt-cinq millions d'âmes que contient la France, qui pourtant alors. ... frappée d'étonnement et de douleur, n'a pu que gémir de la défection de son chef trahi. Ah ! si elle se fût si bien déclarée en faveur de Louis xviii, le 10 mars dernier.... il ne l'eut pas inutilement appelée. Alors qu'aurait fait Napoléon avec six cents hommes de troupes seulement ?... En vain le dévouement des trois cents Spartiates aurait passé dans leurs cœurs ! Mais nous n'avons jamais consenti à notre abaissement. Toutefois nous avons bien souffert !... nous avons été pendant un an bien cruellement éprouvés..... Souvenir trop amer !... Nous avons rougi d'être Français ! Puissent donc les générations futures, en parlant de notre adversité, ne jamais parler de notre honte !.. Mais que dis-je de notre honte ? déjà n'est-elle pas effacée. Nos phalanges sont relevées, réunies ; nos braves sont rassemblés autour du plus grand des monarques, et cette fois encore, et pour toujours, Dieu protége la France !

O ma chère patrie ! non rien n'étouffera plus ta fière émulation. Le commerce, les arts, les sciences, recouvreront leur heureuse vigueur, le mérite seul aura ses prétentions et ses justes récompenses, le prêtre séditieux ne dispensera plus le salut de tes citoyens, on ne défigurera pas l'histoire de ton héros, on ne ternira ni sa gloire ni la tienne, et tu te montreras dans les siècles à venir avec toute la splendeur qu'il t'a donnée.

Partisans des Bourbons !... déchirez donc le voile qui couvre vos yeux, rendez-vous à l'honneur, à vos concitoyens. Que l'un anime vos sentimens quand les autres vous ouvrent leurs bras ainsi que nous, reconnaissez le père de tant de peuples. Qui donc aura mérité ce titre, si ce n'est celui qui veille sans cesse à leurs plus chers intérêts ? Mais pourtant. ... j'entends ici la voix d'un profane.... il ose redemander le prix du sang le plus cher !... arrête misérable..... ce n'est qu'un prétexte à ta rage insensée..... respecte les mânes de nos guerriers..... cesse d'insulter aux calamités de leur chef, n'aigris pas les maux de la trahison, et s'il te reste encore le moindre sentiment, crains la vengeance du ciel ; il punit tôt ou tard, le monstre qui ne s'abreuve que du fiel de la calomnie !.... O partisans des Bourbons, je le répète : ainsi que nous, reconnaissez le père de tant de peuples. Enfans abandonnés alors qu'il s'est offert à nos regards éblouis de l'éclat de son courage, n'est-ce pas lui que nos vœux ont appelé au pouvoir suprême ? à ce pouvoir tant de fois légitimé, non seulement par nos vœux, mais depuis par ses innombrables exploits, sa prudente politique et tant de magnanimité, que la patrie des Césars aurait consacré par des monumens éternels ! et vous voulez en cela que notre nation se place au-dessous de la patrie des Césars ? Vous voulez aussi que par un aveugle attachement, nous ne reconnaissions la légitimé du souverain, que parce qu'il est né des souverains ? Vous voulez enfin que nous asservissions tout nos droits à quelques hommes, par la seule raison qu'ils sont descendans du valeureux Henri iv ? La nature et le seul bon sens s'y opposent trop évidemment ; de même trop évidemment, rien ne détermine et n'aurait pu déterminer à l'égard des derniers Bourbons. Car, s'il le faut, admettons qu'ils eussent respecté dans tous ses principes, ce bel édifice élevé par de victorieuses mains, n'aurait-on eu rien à leur reprocher ? Encore une fois, comment s'en étaient-ils emparés ? Quelle est la véritable justice qui aurait pu leur conférer cet empire nouveau ? En quoi avaient-ils participé à sa création ? Où étaient-ils alors...... et de quoi s'occupaient - ils ? Il n'est plus besoin de le redire...... Qu'on sache seulement, qu'on se persuade bien que jamais les vains préjugés, les coupables efforts d'une génération décrépite, ne pourront prévaloir sur les idées vastes et libérales d'une génération qui connaît trop bien tout le prix de sa gloire. De cette génération qui aujourd'hui défère tout à celui qui donne à son fils, une si belle leçon en traçant de sa main, ces paroles mémorables : *Français, je ne suis que par vous, je ne suis que pour vous.* Cette heureuse maxime qui devient aussi la leçon de tous les rois, nous répond assez de la dynastie du plus grand de tous les hommes? Oui celui-là seul est notre souverain légitime; c'est lui seul qui a su par les plus sages lois, garantir les droits de tous les citoyens. Eh! quel autre avant lui, a mieux connu le prix de nos libertés individuelles? Quel autre avant lui, nous créa jamais de plus belles institutions? Quel autre avant lui donna jamais à tout un si beau lustre? Sur quoi son génie bienfaisant ne s'est-il pas étendu et sur quoi ne veille-t-il pas constamment? Aucun homme ami des mœurs, des arts, des sciences et de la gloire des nations, ne peut faire un pas dans la France sans rencontrer des témoignages authentiques, de la munificence, de la profonde sagesse et de la grandeur de Napoléon. Et nous porterions ailleurs nos vœux et notre hommage?... Loin de notre pensée le crime infâmant d'une odieuse ingratitude.

O! toi dont le seul nom devance l'illustre renommée, ô Napoléon ! oui, nous jurons de nouveau sur tes aigles tant de fois triomphantes, de vivre et de mourir à jamais dignes de toi. Oui tels partisans des Bourbons, tels sont les sentimens de la patrie. Nos cœurs, nos voix les expriment sans cesse, et vous ne sauriez en douter, puisque vous êtes parmi nous..... mais hélas !..... parmi nous.... quelle est votre contenance !... quels sont vos regards !.. quelle est votre pâleur !.. chacun de vous, semble se chercher un Abel !...Grand-Dieu !!.. quelle exécrable opinion que celle qui peut égarer ainsi des citoyens !... princes lâches et perfides !.. fuyez donc pour jamais.

Vous qui n'inspirez que des fureurs, qui ne formez que d'indignes complots, et ne traînez avec vous que d'horribles discordes !.... fuyez couverts de l'opprobre éternel dont vous avez voulu couvrir notre nation. Allez bien loin de nous, sur un sol inconnu s'il se peut, attendre le dernier jour d'une vie dont le sacrifice ne pourrait effacer tous les maux qu'elle nous a coûtés ! allez apprendre quoique trop tard..... que le droit de gouverner les hommes, n'appartient qu'aux grandes vertus. Et vous !... vous ô ! nos compatriotes ennemis.....vous trop long-temps abusés ! . . . jetez enfin vos regards sur vous-mêmes. Oui, reconnaissez que vous êtes Français ; cédez à l'amour de la patrie, unissez-vous à la grande famille, vous ne jouirez pas moins que nous des bienfaits de l'honneur. Non, ce n'est pas au milieu de nous, qu'une fatale erreur, que des regrets impuissans doivent répandre sur vos jours des douleurs éternelles. Aimez sincèrement vos concitoyens, vous n'étiez pas faits pour les haïr ! . . . O ! nos compatriotes, nous ne voulons pas vous pardonner. . . . . nous ne voulons seulement que vous faire oublier les torts que des méchans vous ont fait contracter. Ne craignez pas, ne rougissez pas de vous livrer un moment au plus doux repentir. . . . Celui-là pourrait-il jamais humilier un cœur français ! Ah ! s'il pouvait vous coûter quelques larmes . . . . qu'il nous causerait de plaisir ! — O ! nos compatriotes, venez, venez apprendre avec nous comment on combat de cruels ennemis ; comment on les confond, comment on les punit ! Venez entourer avec nous le trône sacré ; venez y lire enfin et votre félicité et celle des postérités à venir !

De l'Imp. de CHARLES, rue Thionville, n°. 36.

BIBLIOTHEQUE NATIONALE DE FRANCE

3 7531 00710481 4

www.ingramcontent.com/pod-product-compliance
Lightning Source LLC
Chambersburg PA
CBHW061621050726
47595CB00007B/3029